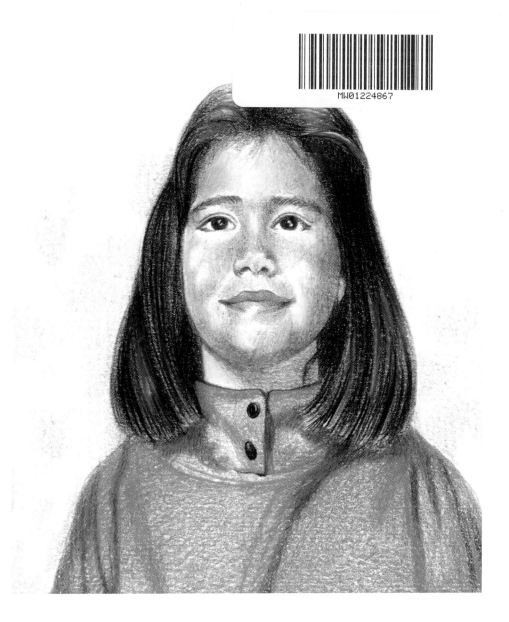

Mi mejor amigo...

1

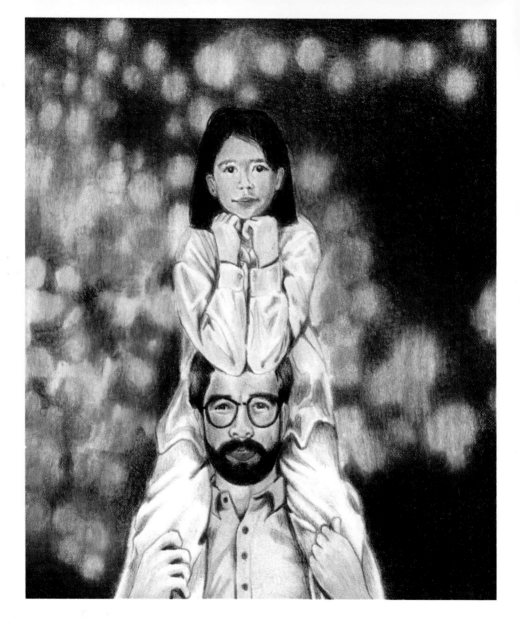

es muy especial.

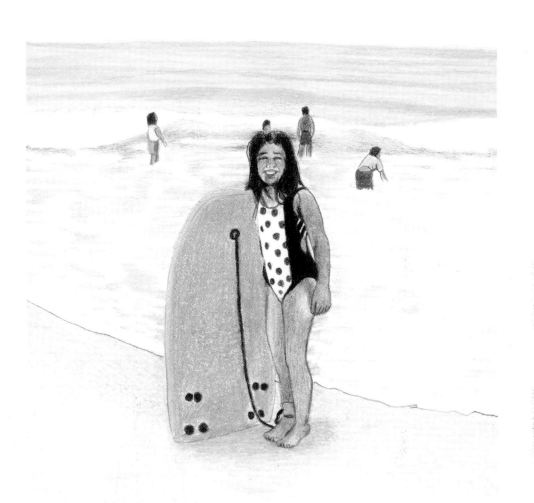

El me cuida.

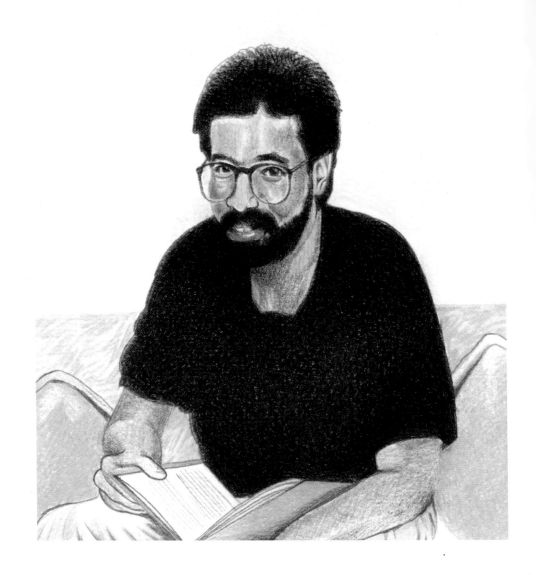

El me lee.

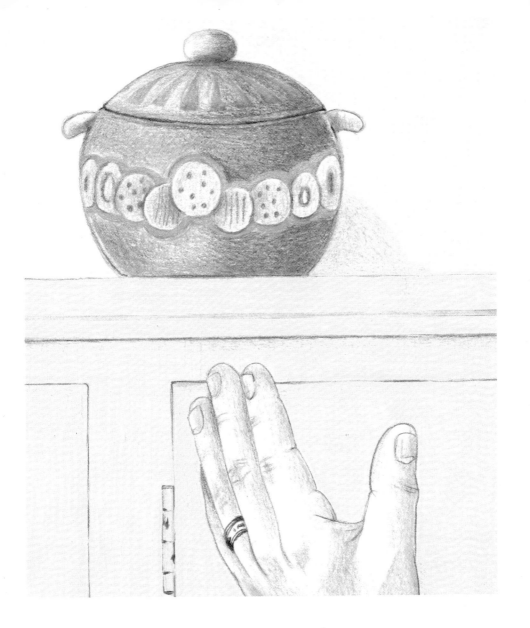

El me ayuda.

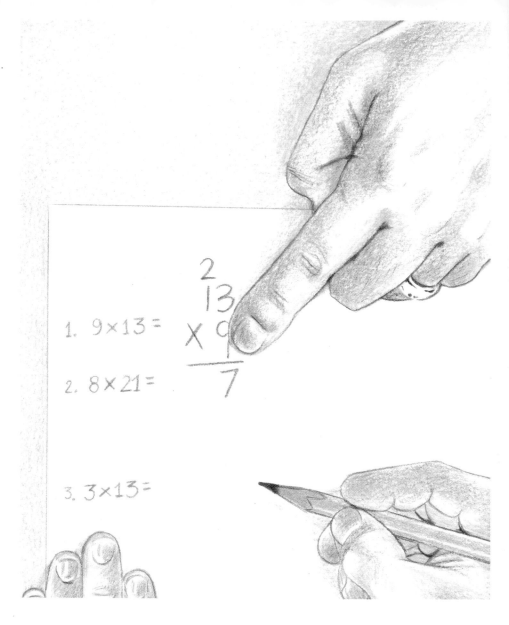

1. $9 \times 13 =$

2. $8 \times 21 =$

3. $3 \times 13 =$

El me enseña.

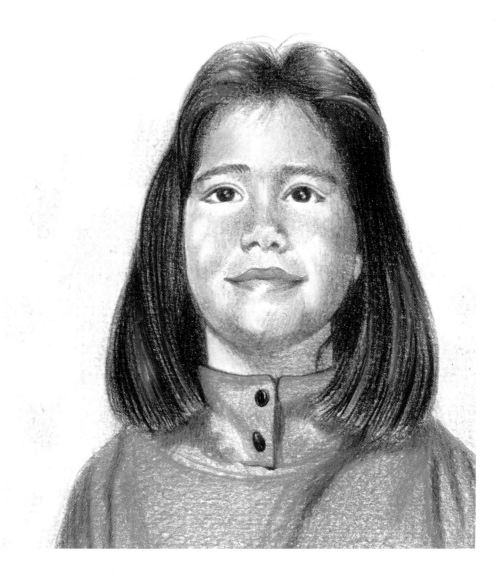

¿Quién es él?

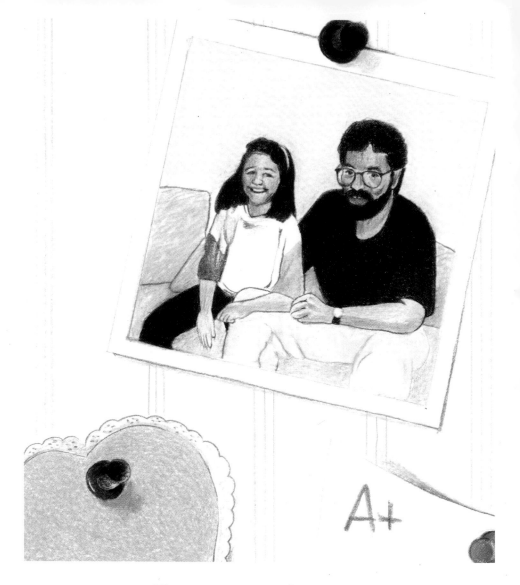

¡Es mi papá!
Y me quiere mucho.